Así es mi mundo

LOS PRESIDENTES

por Carol Greene

Traductora: Lada Josefa Kratky
Consultante: Dr. Orlando Martinez-Miller

Este libro fue preparado
bajo la dirección de
Illa Podendorf,
antes con la Escuela Laboratorio de la
Universidad de Chicago

 CHILDRENS PRESS ®

CHICAGO

La exhibición de fuegos artificiales marcó la inauguración de Ronald Reagan como presidente de los Estados Unidos.

FOTOGRAFIAS
Black Star—©Dennis Brack, 10,19 (izquierda), 21 (izquierda), 22 (abajo); ©Owen D. B., 18

Servicios Fotográficos Históricos, S.A.,— 8 (izquierda)

Hillstrom Stock Photo—21 (derecha)

Biblioteca John F. Kennedy—19 (derecha), 20, 22 (arriba)

Nawrocki Stock Photo—©Jeff Apoian, 24

Roloc Pictorial Research—2, 8 (derecha), 9, 45

Stock, Boston, Inc.—©Stacy Pick, 12

Agencia Fotográfica Unifoto—4, 6 (2 fotos); ©Michael J. Pettypool, 13 (izquierda); ©Michael Evans, 13 (derecha); ©Paul Conklin, 15; ©Mark Reinstein, 17 (izquierda); Fotográfia Oficial de la Casa Blanca—©Bill Fitz-Patrick, 17 (derecha)

Ministerio de Hacienda, Agencia de Grabación e Imprenta—25-43

©Reinhard Brucker—portada

Portada: el Monte Rushmore

Este libro es para Carolyn Canavan y Erica Schweizer

Library of Congress Cataloging-in-Publication Data

Greene, Carol.
  Los presidentes.

  (Así es mi mundo)
  Traducción de: Presidents.
  Incluye un índice.
  Resumen: Describe el trabajo del presidente y da breves resúmenes de las presidencias de los cuarenta y un presidentes de los Estados Unidos, desde George Washington hasta George Bush.
  1. Presidentes—Estados Unidos—Literatura juvenil.
  2. Estados Unidos—Política y gobierno—Literatura juvenil.
  [1. Presidentes. 2. Estados Unidos—Política y gobierno.
  3. Materiales en español] I. Título. II. Serie.
  E176.8.G7418 1986   973'.09'92 [B]   85-31848
  ISBN 0-516-31928-0   Library Bound
  ISBN 0-516-51928-X   Paperbound

CONTENIDO

El primer ministro de Gran Bretaña Winston Churchill (izquierda), el presidente de los Estados Unidos Franklin D. Roosevelt (centro), y Joseph Stalin de Rusia, líder de la Unión de Repúblicas Socialistas Soviéticas (derecha), se reunieron para discutir asuntos políticos y militares durante la Segunda Guerra Mundial.

EL TRABAJO
DEL PRESIDENTE

El presidente de los Estados Unidos tiene un trabajo importante. Es uno de los trabajos más importantes del mundo.

Los presidentes son elegidos por cuatro años. A esto se le llama un período. Hasta el año 1951, los presidentes podían ser elegidos una y otra vez. Franklin D. Roosevelt fue presidente por tres períodos y parte del cuarto.

Los partidos políticos (arriba) se reúnen para votar por el individuo que quieren que se presente como candidato para la presidencia de los Estados Unidos. Las personas (abajo), de más de dieciocho años de edad que se hayan registrado para votar, pueden votar por un nuevo presidente cada cuatro años.

Pero en 1951, la
constitución de los Estados
Unidos fue enmendada,
o cambiada. Ahora un
presidente puede serlo
por sólo dos períodos—
u ocho años.

Los presidentes son elegidos
cada cuatro años el martes
que sigue al primer lunes de
noviembre. La gente de todos
los cincuenta estados de los
Estados Unidos vota.

Entonces, el 20 de enero del
siguiente año, el ganador

George Washington (izquierda) fue el primer presidente que prestó juramento al asumir su cargo. Ciento ochenta y ocho años más tarde Jimmy Carter (arriba) prestó el mismo juramento.

es inaugurado, u oficialmente asume el cargo de presidente.

Esto es lo que los presidentes prometen hacer: "Juro solemnemente que cumpliré fielmente el cargo

Los presidentes prestan juramento al asumir su cargo en una ceremonia pública que tiene lugar en la escalera del Capitolio.

de presidente de los Estados Unidos y, haciendo uso de lo mejor de mis facultades, juro preservar, proteger y defender la Constitución de los Estados Unidos."

El presidente Gerald Ford, como jefe de la rama ejecutiva del gobierno, firma una legislación sobre impuestos que le envió el Congreso.

Los presidentes deben asegurarse de que todas las leyes del gobierno de los Estados Unidos, las llamadas leyes federales, sean obedecidas. Ellos deben mantener la paz del país.

Los presidentes están a cargo de una parte del gobierno—la rama ejecutiva. Hay dos partes más en nuestro gobierno—la rama legislativa y la rama judicial. Cada una tiene un deber especial.

El Congreso está compuesto de la Cámara de Representantes y el Senado.
El Congreso es la parte legislativa del gobierno, o sea, la que hace las leyes.

La rama legislativa es el Congreso. Incluye la Cámara de Representantes y el Senado. Estos aprueban las leyes.

La Corte Suprema (izquierda) es la rama judicial del gobierno. El presidente de la Corte Suprema Warren Burger (arriba a la izquierda) hace prestar juramento a Sandra Day O'Connor. La magistrada O'Connor fue la primera mujer que sirvió en la corte más alta de los Estados Unidos como juez.

La Corte Suprema y sus cortes federales menores son la rama judicial del gobierno. La corte decide si una ley es o no es justa. Según la

13

Constitución de los Estados Unidos, esta corte protege a toda la gente de los Estados Unidos contra leyes injustas.

El presidente debe trabajar con los legisladores del Congreso y con los jueces de la corte.

Más de tres millones de personas trabajan para el gobierno de los Estados Unidos. Los presidentes deben asegurarse de que su trabajo marche sin dificultad. Para lograrlo, escogen a diversas personas para que

El presidente Ronald Reagan se reúne frecuentemente con su consejo de ministros.

estén a cargo de diferentes partes del gobierno.

Los presidentes escogen a personas para que presten servicio en el consejo de ministros. Cada ministro está a cargo de un departamento.

Los trece ministros del consejo son:

- ministro de relaciones exteriores
- ministro de hacienda
- ministro de defensa
- ministro de justicia
- ministro del interior
- ministro de agricultura
- ministro de comercio
- ministro de trabajo
- ministro de salud y servicios sociales
- ministro de viviendas y desarrollo urbano
- ministro de transporte
- ministro de energía
- ministro de educación

Los presidentes escogen a las mejores personas para que dirijan cada departamento. Los presidentes también escogen a los embajadores para que representen a los

El presidente Ronald Reagan escogió a Jean Kirkpatrick (izquierda) como embajadora a las Naciones Unidas y a Donald Rumsfeld (derecha) como embajador especial al Medio Oriente.

Estados Unidos en otros países.

El Senado debe aprobar a las personas escogidas por el presidente como embajadores, ministros y jueces de la Corte Suprema.

El presidente Anwar el-Sadat de Egipto (izquierda), el presidente Jimmy Carter de los Estados Unidos (centro) y el primer ministro Menachem Begin de Israel (derecha) firman un tratado, o acuerdo.

Los presidentes trabajan con otros países. Llegan a acuerdos con líderes de otros países. Se reúnen con ellos para hablar sobre problemas.

El presidente Carter (izquierda) recibió al Príncipe Fahd de Arabia Saudita (izquierda), y el presidente Kennedy (derecha) confirió una medalla durante una ceremonia especial.

A veces los presidentes dan medallas a personas que han hecho algo especial. Dan fiestas para los visitantes importantes de otros países.

El presidente Kennedy, como jefe supremo de las fuerzas armadas, examinó un grupo de tanques blindados en el Fuerte Stewart, Georgia.

Los presidentes son también jefes de los dos millones de personas en las fuerzas armadas. Deben asegurarse de que las fuerzas armadas marchen sin dificultad. El presidente es la única persona que puede dar permiso para usar armas nucleares.

Los presidentes Ford (izquierda), republicano, y
Carter (derecha), demócrata, participaron en
desfiles y pronunciaron discursos por todos los
Estados Unidos para ayudar a sus partidos políticos
a ganar las elecciones.

Los presidentes también
trabajan para sus partidos
políticos. Pueden ayudar a una
persona a ganar un cargo
político en su estado.

Los presidentes Kennedy (arriba) y Carter (abajo) visitaron a los
obreros y escucharon sus problemas.

Por último, los presidentes deben trabajar para todas las personas de los Estados Unidos. Deben hablar con la gente y decirle lo que está pasando. Deben mostrarle a la gente que son buenos líderes.

Hoy en día los presidentes reciben un salario anual de $200,000. Además, reciben dinero adicional para viajes

La Casa Blanca es el hogar del presidente.

y otras cosas especiales. Viven con sus familias en la Casa Blanca en Washington, D.C.

Después de dejar la presidencia, siguen recibiendo un salario por el resto de su vida. Este salario se llama pensión.

LOS PRESIDENTES DE LOS ESTADOS UNIDOS

1. George Washington
(1732-1799)

George Washington se crió en Virginia. Fue jefe del ejército americano durante la guerra revolucionaria. En 1789 llegó a ser el primer presidente de los Estados Unidos y sirvió hasta el año 1797.

GEORGE WASHINGTON

2. John Adams (1735-1826)

John Adams trabajó en el campo político por muchos años. Sirvió como presidente desde 1797 hasta 1801. Durante ese período muchas personas discutían sobre la manera en que nuestra nueva nación debía ser gobernada. Fue el primer presidente que vivió en la Casa Blanca.

JOHN ADAMS

THOMAS JEFFERSON

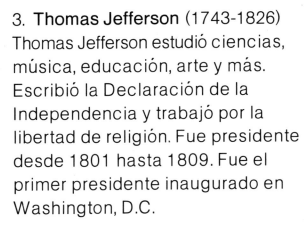

3. **Thomas Jefferson** (1743-1826)
Thomas Jefferson estudió ciencias, música, educación, arte y más. Escribió la Declaración de la Independencia y trabajó por la libertad de religión. Fue presidente desde 1801 hasta 1809. Fue el primer presidente inaugurado en Washington, D.C.

4. **James Madison** (1751-1836)
James Madison trabajó mucho por la Constitución de los E.U. Fue presidente desde 1809 hasta 1817. Durante ese período los E.U. luchó la Guerra de 1812 contra Inglaterra.

5. **James Monroe** (1758-1831)

James Monroe fue presidente desde 1817 hasta 1825. Dijo que los países de Europa no debían apoderarse de más territorio ni en la América del Norte ni en la América del Sur. Esto se llama la Doctrina de Monroe.

JAMES MONROE

6. **John Quincy Adams** (1767-1848)

John Quincy Adams fue hijo del presidente John Adams. Fue presidente desde 1825 hasta 1829. Se dedicó a la libertad y a la preservación de recursos naturales.

ANDREW JACKSON

7. **Andrew Jackson** (1767-1845)
Andrew Jackson fue hijo de un campesino pobre. Llegó a ser un buen soldado. Mucha gente lo admiró y fue presidente desde 1829 hasta 1837. Fue el primer presidente nominado por un partido político durante una convención nacional.

8. **Martin Van Buren** (1782-1862)
El padre de Martin Van Buren era propietario de una taberna. Martin llegó a ser abogado y un político muy hábil. Fue presidente desde 1837 hasta 1841.

9. William Henry Harrison
(1773-1841)

William Henry Harrison fue soldado y campesino. Le gustaba mucho el territorio del oeste y vivió en Ohio. Llegó a ser presidente en 1841, pero murió un mes después.

10. **John Tyler** (1790-1862)

El vicepresidente John Tyler llegó a ser presidente después de la muerte de William Henry Harrison en 1841. No se llevó bien con el Congreso. Sirvió sólo hasta 1845. Tuvo quince hijos.

JAMES K. POLK

11. James K. Polk (1795-1849)
James K. Polk fue presidente desde 1845 hasta 1849. Luchó en una guerra contra México para adquirir más territorio en el suroeste. También trató de conseguir más territorio en el noroeste.

ZACHARY TAYLOR

12. Zachary Taylor (1784-1850)
Zachary Taylor fue un famoso soldado. Llegó a ser presidente en 1849. Pero murió en 1850 antes de poder lograr mucho como presidente.

MILLARD FILLMORE

13. Millard Fillmore (1800-1874)
El vicepresidente Millard Fillmore llegó a ser presidente en 1850 después de la muerte de Zachary Taylor. Estaba en contra de la esclavitud, pero no se esforzó mucho para combatirla. Por lo tanto, el norte votó en contra de él y tuvo que dejar la presidencia en 1853.

PIERCE

14. **Franklin Pierce** (1804-1869)
Franklin Pierce fue un soldado distinguido y un político hábil. Fue presidente desde 1853 hasta 1857. Estaba a favor de la esclavitud y tuvo muchos enemigos.

15. **James Buchanan** (1791-1868)
James Buchanan también estaba a favor de la esclavitud. Fue presidente desde 1857 hasta 1861. Durante ese período de tiempo aumentó más y más la posibilidad de guerra entre los estados a causa de la esclavitud.

JAMES BUCHANAN

31

16. **Abraham Lincoln** (1809-1865)
Abraham Lincoln fue presidente desde 1861 hasta que fue asesinado en 1865. "Honest Abe" odiaba la esclavitud y dijo que todos los esclavos en los E.U. tenían que ser libres. Fue presidente de los E.U. durante la Guerra Civil.

ANDREW JOHNSON

17. **Andrew Johnson** (1808-1875)
El vicepresidente Andrew Johnson llegó a ser presidente en 1865 después de la muerte de Abraham Lincoln. Quería más escuelas públicas y más tierra para los campesinos. Pero tuvo muchos enemigos en el Congreso y casi fue destituido. Faltó sólo un voto para que lo echaran de la presidencia. Fue presidente hasta 1869.

18. **Ulysses S. Grant** (1822-1885)

Ulysses S. Grant fue un general popular de la Guerra Civil. Fue presidente desde 1869 hasta 1877. Durante ese período de tiempo el país se esforzó mucho para volver a fortalecer al sur.

ULYSSES S. GRANT.

19. **Rutherford B. Hayes** (1822-1893)

Rutherford B. Hayes fue soldado y abogado. Fue presidente desde 1877 hasta 1881. Pero hubo mucha discusión con el Congreso y no pudo lograr mucho.

RUTHERFORD B. HAYES

JAMES A. GARFIELD

20. **James A. Garfield**
(1831-1881)
James A. Garfield fue un muchacho pobre, quien creció para ser maestro, soldado y político. Llegó a ser presidente en 1881. Pero seis meses después fue muerto de un disparo.

CHESTER A. ARTHUR

21. **Chester A. Arthur** (1829-1886)
El vicepresidente Chester A. Arthur llegó a ser presidente en 1881 después de la muerte de James A. Garfield. Se esforzó mucho por que el gobierno fuera justo. Arthur fue presidente hasta 1885.

22 y 24. Grover Cleveland
(1837-1908)

Grover Cleveland fue presidente dos veces—desde 1885 hasta 1889 y desde 1893 hasta 1897. Fue un hombre justo y trató de mantener un gobierno justo. Pero el país tuvo muchos problemas de negocios durante su segundo período.

GROVER CLEVELAND

23. Benjamin Harrison
(1833-1901)

Benjamin Harrison fue presidente desde 1889 hasta 1893. Fue nieto del noveno presidente, William Henry Harrison. Benjamin se esforzó por mejorar los negocios en los E.U.

BENJAMIN HARRISON

35

25. **William McKinley** (1843-1901)

William McKinley llegó a ser presidente en 1897. Ayudó a las grandes empresas del país y logró que los E.U. fueran más poderosos en otras partes del mundo. Acababa de empezar su segundo período en la presidencia cuando fue asesinado en 1901.

26. **Theodore Roosevelt** (1858-1919)

El vicepresidente Theodore Roosevelt llegó a ser presidente en 1901 después de la muerte de William McKinley. Creía firmemente en la preservación de los recursos naturales y mandó construir el Canal de Panamá. "Teddy" fue admirado por mucha gente y fue presidente hasta 1909. Fue el primer presidente que visitó otro país durante su presidencia.

27. William Howard Taft
(1857-1930)

William Howard Taft fue presidente desde 1909 hasta 1913. Amaba la paz, pero tuvo muchos problemas en su gobierno. Taft trató de ayudar a las grandes empresas. Taft medía seis pies de alto y pesaba trescientas libras. Fue el presidente más grande.

WILLIAM HOWARD TAFT

28. Woodrow Wilson (1856-1924)

Woodrow Wilson fue presidente desde 1913 hasta 1921. Durante este período los E.U. luchó en la Primera Guerra Mundial. Wilson ayudó a los pequeños negociantes y la gente obrera. Wilson quería que los E.U. se uniera a una familia mundial, la Liga de Naciones. Pero no tuvo éxito. Fue el primer presidente que organizó reuniones regulares con la prensa y que habló en la radio.

WOODROW WILSON

WARREN G. HARDING

29. **Warren G. Harding**
(1865-1923)

Warren G. Harding fue presidente desde 1921 hasta su muerte en 1923. Ayudó a las grandes empresas y evitó que la Marina de los E.U. creciera rápidamente. Algunas personas deshonestas de su gobierno causaron muchos problemas.

CALVIN COOLIDGE

30. **Calvin Coolidge** (1872-1933)
El vicepresidente Calvin Coolidge se hizo presidente en 1923 después de la muerte de Warren Harding. Logró que el gobierno fuese más honesto y el país más rico. Fue presidente hasta 1929.

31. Herbert C. Hoover
(1874-1964)

Herbert C. Hoover fue presidente desde 1929 hasta 1933. Durante ese período muchos negocios en los E.U. fracasaron. Hoover trató de conseguir empleo para la gente, pero muchos creyeron que no ayudó lo suficiente.

HERBERT HOOVER

32. Franklin D. Roosevelt
(1882-1945)

Franklin D. Roosevelt hizo mucho por la gente sin empleo. Dirigió el país durante la mayor parte de la Segunda Guerra Mundial. Fue presidente desde 1933 hasta su muerte en 1945. Fue presidente por más de doce años. Fue el primer presidente que habló en la televisión.

FRANKLIN D. ROOSEVELT

HARRY S. TRUMAN

33. **Harry S. Truman** (1884-1972)

El vicepresidente Harry S. Truman llegó a ser presidente en 1945 después de la muerte de Franklin Roosevelt. Ayudó a los países que sufrieron durante la Segunda Guerra Mundial. Más tarde mandó a los soldados de los E.U. a luchar en Corea. Fue presidente hasta 1953.

DWIGHT D. EISENHOWER

34. **Dwight D. Eisenhower** (1890-1969)

Dwight D. Eisenhower fue un general popular durante la Segunda Guerra Mundial. "Ike" llegó a ser presidente en 1953 y desempeñó su cargo hasta 1961. Terminó el conflicto en Corea.

35. John F. Kennedy (1917-1963)

John F. Kennedy era de una familia que tenía gran afición a la política. Se hizo presidente en 1961 y trabajó mucho por los derechos de la gente. También se esforzó mucho en el campo de las bellas artes. Fue asesinado en 1963.

JOHN F. KENNEDY

36. Lyndon B. Johnson (1908-1973)

El vicepresidente Lyndon B. Johnson llegó a ser presidente en 1963, después de la muerte de John Kennedy. Desempeñó su cargo hasta 1969. La guerra de Vietnam hizo de su término como presidente un período difícil.

LYNDON B. JOHNSON

RICHARD NIXON

37. **Richard M. Nixon** (1913-   )
Richard Nixon llegó a ser presidente
en 1969. Mantuvo buenas relaciones
con muchos países extranjeros.
Nixon tuvo que renunciar en 1974 a
causa de un escándalo en relación
con actividades ilegales de sus
partidarios. Fue el primer presidente
que renunció su cargo.

GERALD R FORD

38. **Gerald R. Ford** (1913-   )
El vicepresidente Gerald R. Ford se
hizo presidente en 1974 después de
la renuncia de Richard Nixon. Se
esforzó por que la gente volviera a
confiar en el gobierno. Ford
desempeño su cargo hasta 1977.
Fue la única persona con el cargo de
vicepresidente y presidente que no
fue elegido.

39. Jimmy (James Earl) Carter (1924-   )

Jimmy Carter fue presidente desde 1977 hasta 1981. Tuvo problemas con Rusia e Irán. Pero dirigió conferencias de paz entre Israel y Egipto.

JIMMY CARTER

40. Ronald Reagan (1911-   )

Ronald Reagan llegó a ser presidente en 1981. Los E.U. tenía muchos problemas económicos en ese tiempo. Reagan trató de ayudar a las empresas, dejándolas en paz.

41. George Bush (1924-   )

George Bush asumió el cargo de presidente en 1989. Había servido de vicepresidente en el gobierno de Ronald Reagan desde 1981 a 1988. Al tomar su cargo, el Presidente Bush afirmó que iba a efectuar mejoras en la educación y trabajar con el Congreso para disminuir los desembolsos del gobierno y no aumentar los impuestos.

¿Y TU?

¿Te gustaría ser presidente de los Estados Unidos?

¿Naciste ciudadano o ciudadana de los Estados Unidos?

¿Has vivido en los Estados Unidos por lo menos catorce años?

¿Tienes por lo menos treinta y cinco años de edad?

Estas son las únicas reglas para ser presidente. Entonces

La orquesta de la Marina de Guerra toca durante la inauguración del presidente de los Estados Unidos. El presidente de la Corte Suprema hace prestar juramento a cada presidente en una ceremonia pública.

quizás lo seas tú, algún día. Lo único que falta es ser electo. Y recuerda—ila presidencia es un empleo importante!

PALABRAS QUE DEBES SABER

confianza — acto de creer o confiar en alguien o en algo

consejo de ministros — grupo de ayudantes del presidente, cada uno de los cuales está a cargo de un departamento del gobierno

convención — reunión de un grupo de personas para un propósito, como el de nombrar un candidato político

deshonesto — que no es honesto; que no es digno de confianza

destituir — acusar a un funcionario público de actividades ilegales a fin de removerlo de su cargo

ejecutiva — rama del gobierno de una nación que se encarga de la aplicación de las leyes, de nombrar funcionarios, y en general de representar la nación ante el resto del mundo

elegir — escoger, por medio del voto, a una persona para un cargo o posición en el gobierno

embajador — representante oficial del gobierno de un país ante el gobierno de otro país

enmendar — cambiar, añadiendo, suprimiendo o corrigiendo

escándalo — acciones que ofenden al público

ilegal — que no es legal; contra la ley

inaugurar — oficialmente instalar a alguien en un cargo, generalmente por medio de una ceremonia o celebración

judicial — rama del gobierno que actúa como corte para decidir si las leyes han sido obedecidas o violadas y si las leyes son justas o no

legislativa — rama del gobierno que hace las leyes

partido politico — grupo de personas con opinión parecida que está organizado para elegir a miembros de su grupo a cargos oficiales

pensión — pagos regulares de dinero a una persona que se ha jubilado

período — duración específica de tiempo, tal como la de alguien elegido a cierto cargo

política — acciones de personas que están interesadas particularmente en elegir a representantes a cargos políticos o en controlar el gobierno

político — persona cuya profesión es dirigir los asuntos de un partido político o llevar a cabo los asuntos del gobierno

preservación — la protección de recursos naturales contra su uso incorrecto o su destrucción

renunciar — dejar o abandonar un cargo o empleo antes de que se termine su período

INDICE

Sobre la autora

Carol Greene ha escrito más de 25 libros para niños, además de cuentos, poesías, canciones y filminas. También ha trabajado como editora de libros para niños y maestra de escritura para niños. Recibió su B.A. en literatura inglesa de Park College, Parkville, Missouri, y su M.A. en musicología de la Universidad de Indiana. Carol Greene vive en St. Louis, Missouri. Cuando no escribe, le gusta leer, viajar, cantar y ofrecerse como voluntaria en trabajos para su iglesia—y escribe más. Su libro The Super Snoops and the Missing Sleepers ha sido publicado por Childrens Press.